COMER DEL MONTE

EL ALGARROBO

El árbol divino de los indígenas del Chaco

Giuseppe Polini

ÍNDICE

"Comer del Monte" constituye una serie de documentos de capitalización de las actividades más innovadoras realizadas en varios años de permanencia en la región del Chaco paraguayo. La expresión "Comer del monte" no indica solo revalorar los productos y alimentos del monte, manifiesta también un aproximarse a la población indígena que prioriza sus conocimientos, sentimientos, tradiciones, hábitos y costumbres; identificando con la participación y la visión de los nativos actividades y acciones culturalmente aceptadas para cambios favorables y sostenibles.

Publicaciones "Comer del Monte":
- *Los Indígenas del Paraguay*
- *Plantas útiles y comestibles del Paraguay*
- *Plantas medicinales del Paraguay*
- *Agua y sequía en el Chaco*
- *La Miel se acerca a nuestras casas*
- *Revalorando el uso del algarrobo*
- *La Moringa Oleífera "Un árbol multiuso para el Chaco Central"*

Esta investigación es parte de una experiencia de trabajo y compromiso por y con los pueblos nativos del altiplano boliviano y del Chaco paraguayo ilustrada en un documento audiovisual interactivo accesible en el sitio : www.chacoindigenas.org

Los documentales presente en el sitio están pensado y realizado con puro espíritu de documentación, sin nostalgia de los tiempos que fueron ni pretensión de afirmar verdades universales, siguen la vida cotidiana en unas comunidades indígenas del Chaco Central con doble propósito: mostrarnos la importancia que el monte puede todavía representar para los pueblos indígenas del Chaco, sobre todo en tiempos de sequía; y enseñar, transmitir a los mismos jóvenes indígenas de los años que vendrán como sus abuelos y sus padres vivían su relación física y espiritual con el monte, sus plantas, sus animales.

*"Lo primero que el hombre blanco tiene que hacer para cosechar éxitos asesorando a un pueblo extraño no es como muchos piensan aprender la lengua de dicho pueblo y comenzar a impartirle lecciones, sino bien librarse de su sentido de superioridad innato, de la creencia de que siempre tiene la razón pues la mayor de las di icultades del hombre en el trato con esos seres humanos radica en poder ver las cosas desde el punto de vista de ese pueblo".**

** Wilfred Barbrooke Grubb 1913 (Misionero anglicano)*

Grubb oriundo de Escocia nació en 1865, fue enviado al Paraguay en 1889 para iniciar la obra de la Misión Anglicana entre los indígenas del Gran Chaco. Allí permaneció en cumplimento de su misión durante un periodo de más de treinta años, viviendo en intimo contacto con los pueblos indígenas que poblaban el territorio del Chaco Central.

Introducción

En idioma énxet decimos "naxma -ektekkeso-nento" que quiere decir "el monte produce comida", también decimos "naxma - ektaha(f) - seg méso - ápetek" "el monte nos da carne" refiriéndose a la carne de animales silvestres. El monte es dueño de todo, nos da las frutas, medicinas, la carne, tinturas, hilo para tejer, la miel, huevos, el fuego, la madera y la leña".

La destrucción de los bosques y de los ecosistemas, la mecanización agrícola, la trasformación de grandes espacios por la producción ganadera, la acelerada desertificación, la deforestación, la implementación de sistemas productivos ajenos de la realidad y cultura indígena, ponen en peligro la existencia de los bosques del Chaco y la sostenibilidad de los pueblos que lo habitan. Esta forma de apropiación del territorio limita las formas tradicionales de vida de las poblaciones indígenas reduciendo la posibilidad de abastecerse de los productos y animales del monte.
Con la habilitación de las tierras para uso agrícola y ganadero a través de un modelo basado en el capital agrario y la mecanización, el monte ha perdido parte de su importancia original y ha quedado como espacio vacío para su explotación en esos rubros.
Con el trabajo asalariado en las estancias y en las agroindustrias menonitas se produjo una mayor dependencia del mercado; las nuevas generaciones de las etnias indígenas a medida que tienen más acceso a los recursos económicos, elijen alimentos industrializados y modernos, que les permite mostrar un supuesto status social más aceptado por la sociedad nacional.

A pesar de estos cambios, en muchas comunidades indígenas los productos del bosque siguen siendo una fuente importante de abastecimiento que procura alimento todo el año y sobretodo en periodos de escasez y de sequía. Por esta razón, en contraposición a modelos basados en la utilización de insumos y recursos externos fuera del alcance de las poblaciones indígenas, se ha promovido la revalorización del alimento silvestre principal de los pueblos indígenas: el algarrobo. Esta planta tiene características que bien pueden resumirse en una palabra: multiuso, ya que brinda alimento, medicina, forraje, fertilizante, combustible, madera y sombra. Además de ser un elemento que favorece la protección de todo el ecosistema por ser considerado un alimento de protección y abundancia.

Aunque actualmente su utilización no es tan relevante como en antaño, el algarrobo es un producto clave para asegurar la alimentación durante la época seca. Desde siempre el algarrobo ha constituido el alimento básico y nutricional de los pueblos originarios del Gran Chaco, su fruto ha sido una reserva alimenticia importante en años con sequía y permite mitigar los efectos de la misma.

En este contexto, se describen propuestas que pretenden mejorar todo el proceso: la recolección de los frutos, el secado, la molienda, la conservación y elaboración de alimentos. novedosos y variados a base de harina de algarrobo. Todo esto recuperando las prácticas culturales tradicionales y comunitarias y adaptándolas a los nuevos cambios y contexto social.

El algarrobo es Dios: él jamás llora; No necesita nada en su grandeza; Nada pide jamás, ni nada implora. Desafiante y austero, solo fuerte, nace y crece donde la aridez de la tierra nada ofrece; majestuoso y solemne se fortifica con la propia arena candente, con la arena muerta, que no produce y realiza el milagro de vivir de la nada.

1. El Algarrobo el primer árbol creado

Como el maíz, considerada la planta sagrada por los indígenas de Centro América o la papa, que en el mundo andino se la asocia al origen del mundo así el algarrobo, para los pueblos indígenas del Gran Chaco, representa el primer árbol creado y la vaina de algarroba, es el alimento principal del monte, llegando a tener una trascendental importancia cultural.

El algarrobo en guaraní se denomina yvopé-pará, que significa "árbol puesto en el camino para comer", los Toba de la Argentina lo llaman Takku voz quechua que significa "el árbol" denotando respeto y agradecimiento.

Fue considerado árbol divino por la cantidad de uso y aplicaciones: sombra, frescura, alimentos, bebidas, medicinas, colorantes, maderas y combustibles.

"Nosotros tratamos al algarrobo como una mujer que nos alimenta, podemos escuchar entre los indígenas diciendo; yámet- ektaqmela- ekwesey échála, la traducciónl sería: un árbol hermosa de nombre algarroba. En Énxet el termino algarrobo es femenino porque lo comparamos con nuestra abuela, porque las abuelas entre los Énxet trataban bien a sus nietos y nietas, enseñaban muchas cosas por eso se queda marcado esto término, para llamarnos la atención. En aquel tiempo las abuelas se encargaban de alimentar a sus nietos y nietas, mientras sus padres y sus madres iban al monte a buscar comida o a pescar en la laguna".

El algarrobo es el árbol símbolo del Chaco, está adaptado a las duras condiciones climáticas de este territorio y tiene una manera muy interesante para sobrevivir. Cuando un algarrobo nace de una semilla, a menudo se observa que crece demasiado lento, año tras año, unos pocos centímetros son los que se suman a su altura, y de repente sin saber porque, empieza a crecer y crecer muy rápido.

Algarrobo Blanco.

¿Cuál es la causa? El algarrobo al nacer extiende sus raíces en profundidad y con el transcurrir de los años, a pesar que su copa no crece, sus raíces no cesan de ahondar en la tierra en busca de agua, cuando la encuentra, las raíces dejan de crecer y entonces todo ese alimento usa para aumentar su tronco y sus hojas. De esta forma de ser del algarrobo, algunos indígenas lo ponen como ejemplo de lo que tienen que ser, ellos y sus comunidades.

Así como Don Severo Flores, (Guaraní de Sta. Teresita, cerca de Mariscal Estigarribia) que entiende que los indígenas para sobrevivir en esta sociedad paraguaya tan cambiante, tienen que buscar sus raíces y profundizar en ellas sin miedo, ahondando como las raíces del algarrobo, hasta encontrar los saberes tradicionales que les permita conservar su forma de ser.[1]

El algarrobo es un elemento cultural de los habitantes nativos del Chaco.

En el norte argentino desde tiempos prehispánicos se practica una tradición llamada Algarrobeada (o Algarrobiada) que consiste en cosechar en forma colectiva la chaucha (llamada algarroba) durante la estación estival. La época de la algarrobeada es la más esperada del año, ya que el monte comienza a dar la comida.

En la cosecha de la algarroba, participaba toda la comunidad y representaba el período anual de abundancia, dando lugar a celebraciones, fiestas y rituales de agradecimiento con comida y consumo de la aloja, bebida alcohólica a base de algarrobo.

Aunque estas fiestas han perdido su carácter cultural y de agregación comunitaria, el algarrobo todavía representa el alimento clave de la dieta alimentaria de la población originaria.

Frutos Algarrobo Negro.

Fruto Algarrobo Blanco.

[1] Jordi Cañallas Puiggros: Historia natural del Chaco Fundación para el Desarrollo Sustentable delk Chaco - Vicariato Apostólico Pilcomayo 2004.

2. El algarrobo

Descripción botánica

El nombre Algarrobo fue puesto por los españoles de la conquista por lo parecido con el árbol español que era denominado "Pan de San Juan"[2]. La palabra algarrobo deriva del árabe "al carob", que significa "el árbol".

El algarrobo pertenece al genere Prosopis, existen alrededor 45 especies en el mundo, la mayoría se concentra en zonas áridas y secas de Sudamérica. De todas estas especies los más importantes en el Chaco son el algarrobo blanco, el algarrobo negro y el viñal.

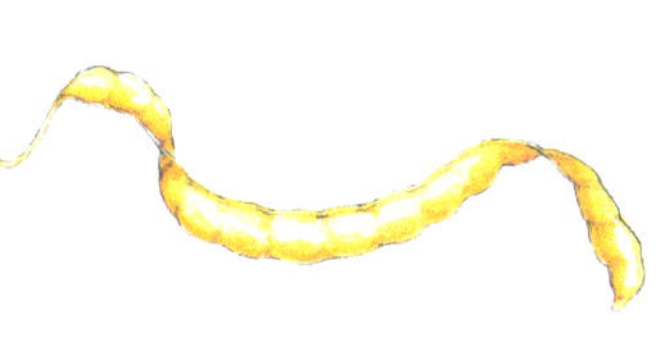

Algarrobo Blanco Prosopis alba *Griseb.*	
Enxet:	*Téwes*
Enlhet:	*Teves*
Nivaclé:	*Faaiyuc*
Ayoreo:	*Nainuniaja*

Es un árbol de gran importancia, nativo de zonas áridas y semiáridas de Argentina, Uruguay, Paraguay, el sur de Bolivia, el norte de Chile y Perú.

Descripción general: Árbol corpulento y alto, de hasta 18 m de altura en la madurez. La copa es globosa, redondeada, su forma recuerda a una sombrilla gigante, superando a veces los 10 m de diámetro.

Corteza: pardo-grisácea, con fisuras oblicuas. A veces se ven manchas de un liquido oscuro, que chorrea de las heridas.

Ramas: espinosas, con espinas que nacen de a pares en las axilas de las hojas. Oscuras y tortuosas.

Inflorescencias y flores: las flores son muy pequeñas, perfumadas, muy visitadas por las abejas, y se reúnen en espigas cilíndricas amarillo-verdosas, péndulas de 4 a 12 cm de longitud reunidas en grupos de hasta ocho. Son muy delicadas y temen las heladas tardías y las lluvias impiden la polinización.

Hojas: caducas, de color verde claro brillante durante el brote primaveral, más oscuro y opaco en otoño.

Fruto: vaina o chaucha chata de 12-25. cm. de largo y 1,2-1,8 cm de ancho y 8 mm de espesor. Las vainas tienes diferentes formas: cuentas de rosarios, largas, curvas, rectas o en tirabuzón. En promedio cada vaina pesa unos 12 gr., se compone de tres partes principales que son la vaina exterior, la pulpa y las semillas que son similares a porotitos duros de color marrón claro y éstas encerradas en una cascara difícil de abrir y en promedio hay 25 granos por cada vaina.

Fenología: florece de octubre a noviembre, y fructifica de diciembre a marzo.

Producción: El algarrobo produce frutos a partir de 5° año, en condiciones favorables la producción de frutos se puede dar a partir del 3er año. La producción de vainas es muy variable de árbol a árbol, y de zonas o áreas de año a otro, un árbol grande (40 cm de diámetro en el tronco) puede producir 40 Kg. de vainas.

---

[2] *El algarrobo era conocido popularmente en Europa como "Pan de San Juan" y es a través de Ulrico Schmidl, viajero alemán integrante de la expedición de Pedro de Mendoza en 1535, que tenemos las primeras referencias a través de su obra Viaje al Río de la Plata, donde describe las costumbres de los aborígenes y menciona a la algarroba - Pan de San Juan - como uno de sus principales alimentos: "estos no tienen otra cosa para comer que pescado, carne y algarroba - pan de San Juan de la cual los indios hacen vino". (Schmidl, Ulrico: Viaje al Río de la Plata - Emecé Editores - Buenos Aires 1942, Pág. 31)*

Algarrobo blanco.

Los Algarrobos negros son bastante parecidos a los blancos aunque algunos aspectos permiten diferenciarlos: la copa globosa es más baja y las ramas son más rectas. Los folíolos de las hojas son más cortos y más tupidos; las vainas más lobuladas, rectas y de color morado. En general florecen y fructifican casi un mes antes que los algarrobos blancos.

Descripción general: Árbol de copa globosa, aparasolada, de fuste generalmente corto, de hasta 10 m de altura en la madurez.

Corteza: pardo oscura, con fisuras profundas. A veces se ven manchas de un líquido oscuro, que chorrea de las heridas.

Ramas: sin espinas; o con muy pocas, flexibles, péndulas, de color oscuras.

Inflorescencias y flores: flores pequeñas, perfumadas, reunidas en espigas cilíndricas amarillentas con tintes rojizos, péndulas de 4 a 9 cm de largo por un cm de diámetro.

Hojas: erectas, caducas de color verde claro brillante durante el brote primaveral, más oscuro y opaco en otoño.

Fruto: vaina o chaucha cilíndrica levemente comprimida, morada, de 7 a 10 cm de largo y 1 cm de ancho, carnosa, dulce, las semillas, es de color marrón claro. Entre semilla y semilla la vaina se hace más angosta, tornando el conjunto un aspecto similar al de un collar de cuentas.

Fenología: florece de septiembre a octubre, y fructifica de diciembre a febrero.

Producción: Un árbol adulto puede producir hasta 40 kg de vainas, pero la producción de frutos no se da todos los años de la misma manera, por lo tanto podemos decir que en promedio es de 20 a 25 kg de vainas por año.

"Se llama algarrobo negro por el color de su fruto, cuya vaina es moteada por fuera mientras que la parte adentro es color blanco. Es muy dulce, los Enxet usan más las frutas de algarrobo negro para hacer la harina, pero es muy importante saber que existen varias especies distintas de algarrobo negro. Las frutas las podemos identificar por el sabor de cada una, pero en el árbol en sí existen diferencias entre las hojas y el tamaño. Del algarrobo negro que usamos las frutas para la comida decimos nosotros "écháha" es muy famoso entre los énxet.
Hay especies de algarrobos que tienen frutas de la misma forma que el algarrobo negro que usamos para comer, pero el sabor es diferente, los énxet llaman a este algarrobo "eleñama egyamánog" que significa "nos hace agua en la boca" se puede sentir algo en el paladar que nos hace tener muchas salivas. Antes de recolectar las frutas de algarrobo negro, el primer paso es probar el sabor, si el sabor es bueno, se recolectan hasta llenar las bolsas.

Otras especies de género Prosopis
La población indígena del Chaco conoce y utiliza por su alineación otras especies de algarrobo que son las siguientes:

Algarrobito, Maktek: Es un arbusto que tiene espinas verdes, las hojas y las flores son parecidas a la del algarrobo negro. Las vainas son moteadas y generalmente cortas y rectas; los frutos son comestibles pero no se hace la harina, por la poca cantidad de vainas disponibles.

Pakkateyneg: (Prosopis viñalillo) otro tipo de algarrobo, el árbol es parecido al algarrobo blanco, es un árbol grande que tiene grandes espinas. Las frutas son parecidas a las frutas de viñal, no se puede comer cruda, se tiene que cocinar para tomar el jugo, así como se hace con las frutas viñal.

Yómpenek este significa "mata sapo", en guaraní se dice "algarrobo pyta" es el algarrobo rojo cuyas frutas son venenosas. El color de las vainas son parecidas al algarrobo negro, cuando el animal come las frutas de este algarrobo, muere, puede causar el dolor de vientre. Las vainas son muy hermosas y atractivas pero son venenosas.

Atoye es otro tipo de algarrobo negro, las frutas y la planta en sí son parecidas al algarrobo negro, usamos las frutas para hacer la fariña, la parte adentro de las frutas tienen color rojo oscuro. Las semillas también es color rojo oscuro, no es muy común las frutas de este algarrobo no se usa tanto. Al comer las frutas de este algarrobo nos deja el color rojo en la boca y nos hace agua en la boca.

La frecuente hibridación dificultan la determinación de las varias especies desde el punto de vista científico como por la denominación en idioma local.

Algarrobo negro.

Características de la planta

El algarrobo es un árbol longevo, tiene tamaños pequeñísimos en los primeros años, alcanzando luego un desarrollo muy considerable, llega a medir hasta 18 m de altura y 2 metros de diámetro y vivir incluso 200 años, por eso se lo caracteriza como longevo.

Aunque crecen también cerca del agua, el algarrobo se encuentra en lugares tan secos, donde difícilmente puedan sobrevivir otras plantas.

Pueden tolerar y aun crecer con rapidez en suelos salinos o de baja fertilidad. Generalmente necesitan un mínimo de 250 mm anuales de lluvia pero algunas especies se adaptan a zona donde la pluviosidad apenas llega a los 75 mm anuales, aunque siempre se debe contar con aporte de agua del subsuelo.

Es un árbol extremadamente eficiente, usando mínimas cantidades de agua, produce la mayor cantidad de frutos en años de sequía. Los algarrobales se desarrollan sobre suelos impermeables y con poca disponibilidad de agua, inundables temporariamente, requiere temperaturas altas y prolongadas para iniciar y sostener la floración.

La raíz, tiene la particularidad de desarrollarse en dos tiempos: un desarrollo superficial, y otro desarrollo de raíces profundas. Con características de raíz pivotante y el de desarrollo a grandes profundidades, es una de las razones de la alta capacidad de adaptación soportando bien las sequias.

Las flores, aunque no muy vistosas, son nectaríferas y atraen gran número de abejas. La mayoría de las especies de los algarrobos, son propagadas por los animales que comen sus frutos.

Algunas especies son muy tolerantes a la sal y además tienen en sus raíces nódulos fijadores de nitrógeno que mantienen su crecimiento en suelos donde el nitrógeno es escaso. Desde la germinación prosperan a pleno sol, en competencia con arbustos y pastos.
La presencia de los algarrobos mejora las condiciones de los suelos salinos disminuyendo la salinidad, por la protección que ejerce sobre algunas condiciones climáticas adversas, por el aporte de nutrientes y de materia orgánica de las hojas y las ramas.

El algarrobo blanco es menos resistente a la aridez que el algarrobo negro, su mayor debilidad es que no soporta ni la menor helada. El algarrobo, al igual que las otras plantas del genero Prosopis, es una planta caduca, es decir, que pierde sus hojas en el invierno (estación seca). La concentración del ganado debajo de las copas del algarrobo, en busca de sombra, produce un aporte adicional a la fertilidad del suelo, a través las defecaciones. Los factores ambientales que influyen en la producción de los algarrobos son las heladas, las bajas temperaturas que perjudican la floración y las lluvias.

Las lluvias, de un lado perjudica la producción dependiendo del tiempo, durante la floración, tumban las flores, durante la fructificación hacen que los frutos se pudran, inclusive en la misma planta, y en época de cosecha echan a perder el gusto de la algarroba. Mientras por otro durante el rebrote de hojas y antes de la aparición de botones florales, las lluvias son beneficiosas, porque permiten la caída de las plagas limpiando los árboles, y constituyéndose en una suerte de control natural.

Los algarrobos llegan a formar masas casi puras, constituyendo formaciones vegetales características como los algarrobales, o dentro de otra formación de vegetales como bosques claros con algarrobo. *"Néchaha'a" decimos nosotros en Enxet "lugar de los algarrobos negros" donde crecen los algarrobos, se encuentran en zona altura, desde el inicio del monte, antes de entrar en el monte, especialmente en los campos abiertos, más conocido como algarrobal. De vez en cuando podemos encontrar los algarrobos en zona inundable pero no son muchos, al igual que en el medio del bosque; los algarrobos crecen alrededor del bosque así como las palmeras crecen en la zona de campos abiertos, no podemos encontrar en el medio del bosque, por eso los algarrobos pueden mezclarse con las palmeras en la zona alta pero no en la zona inundable."*

*Vainas en el suelo
para recolectar.*

Beneficios Ambientales

Los suelos de las regiones áridas del mundo, tienen el más bajo contenido de carbón y nitrógeno orgánicos de todos los ecosistemas existentes. Esto se puede atribuir a las elevadas temperaturas del aire y al bajo contenido de la humedad del suelo, lo que resulta en altas temperaturas del suelo y por consiguiente tasas elevadas de degradación de la materia orgánica. El carbón y la materia orgánica del suelo son importantes ya que estos componentes incrementan la infiltración del agua del suelo, la posibilidad de que el suelo almacene nutrientes y la facilidad con la que las raíces pueden penetrar el suelo. El algarrobo, al igual que las otras plantas leguminosas, pueden fijar nitrógeno del aire y dejarlo disponible para el uso de la planta.

Estabiliza el ambiente bajo su influencia, reduciendo los daños por heladas, vientos desecantes o soles quemantes. Disminuye los riesgos de oscilaciones climáticas bruscas. Algunas especies de Prosopis son excelentes para el control de la erosión, para fijar dunas en la costa, estabilizar médanos, para ser utilizados como rompevientos y para reforestar tierras baldías. Puede ser colocado en banquinas de rutas ya que no necesita gran cantidad de agua, y también puede ser utilizado para forestación, debido a que su copa tiene un crecimiento relativamente rápido. Contienen gran variabilidad genética por lo que dentro de una población de algarrobos se encuentran individuos con comportamientos distintos: florecen y fructifican en épocas diferentes y crecen a ritmos distintos. Esta variabilidad es una garantía frente a los cambios externos y permite lograr una mayor producción de frutos y un mayor crecimiento maderero.

Estas propiedades de la planta están siendo aprovechadas por otros países del mundo, que utilizando la semilla del algarrobo de la región, aprovechan para recuperar áreas degradadas.
Las bondades del algarrobo lo colocan como el árbol ideal, ya que trae aparejados muchos beneficios de diferente índole.

Algarrobos en la banquina de la Ruta Transchaco hacia Filadelfia.

Cultivo bajo dosel arbóreo

La producción de hortalizas y otros cultivos en áreas bajo riego o en secano, puede ser mejorada sustancialmente si se combina con una cobertura arbórea. Uno de los problemas más severos de las áreas cultivadas es el agotamiento de los suelos, producido fundamentalmente por la falta de materia orgánica y de nitrógeno.
Una estructura arbórea aporta cantidades importantes de estos elementos, evitando así necesidad de realizar rotaciones de cultivos muy frecuentes, o la siembra de cultivos mejoradores del suelo.
También se disminuye significativamente los gastos en fertilizantes y abonos. Los árboles aportan, también, cantidades significativas de otros nutrientes como fósforo, calcio y potasio. Al disminuir la cantidad de la luz solar por el resguardo de la copa del árbol, merma también la temperatura, y esto puede tener efectos benéficos sobre ciertos cultivos que no necesitan tener mucha luz y/o temperaturas extremas para un rendimiento óptimo. Inclusive pueden incorporarse especies que hasta ahora no se podían cultivar en estas regiones, por ser demasiado sensibles al calor y/o a la luz.

La diferente cantidad y calidad de luz que llega al estrato inferior modifica el comportamiento de muchas especies: retarda su desarrollo y aumenta su período vegetativo, lo cual favorece a los cultivos. Una estructura arbórea disminuye también la incidencia de heladas sobre los cultivos, con lo que se corren menos riesgos tanto debido a heladas tardías como a tempranas, pudiéndose por lo tanto ampliar el periodo de épocas propicias para el cultivo, dando así productos fuera de las ofertas tradicionales (primicias y/o ultimísimas). Se reduce la evaporación y se crea un microambiente más húmedo, evitando pérdidas de agua.

El algarrobo presenta raíces pivotantes y profundas, las que disminuyen la competencia con los cultivos (hortícolas, forrajeros, de cereales, etc.) por agua o nutrientes y permiten un laboreo del suelo sin problemas, ya que no se dañan las raíces. Tampoco hay impedimentos para usar implementos hasta lugares muy cercano al tronco del árbol, debido a su hábito de crecimiento.

Huerta bajo dosel de algarrobo.

Se han realizado, con muy buen resultado, varias huertas familiares bajo el dosel del algarrobo utilizando el sistema de riego por exudación con cantaros.

Uso ganadero del Algarrobo

Su capacidad para fijar nitrógeno atmosférico en el suelo, y hacerlo aprovechable por otras plantas, permite utilizarlo como fertilizador de pasturas para el ganado y un recuperador por excelencia de pasturas degradadas. Con lo cual se ha logrado cambiar la postura de los ganaderos en relación al algarrobo que lo consideraban una maleza muy agresiva en las pasturas. Su copa protege al ganado de los calores estivales, aumentando su productividad (bajo su sombra los pastos crecen más tiernos y sufren menos los rigores del invierno) y sus frutos - de alto valor energético y proteico - complementan la dieta ideal para el ganado en periodo de escases de forraje de buena calidad.

A partir del año 5 de su vida, el algarrobo produce vainas con un contenido de 30 % de sacarosa y 10 % de proteínas, sin contenidos tóxicos, que son un recurso importante para la alimentación del ganado.

El consumo de frutos nativos por parte del ganado criollo, representa una práctica extendida sobre toda la región chaqueña, especialmente en el denominado Chaco Seco, donde incluso buena parte de la recolección de la algarroba tiene por objeto suplementar la escasa disponibilidad de pastos durante la época seca.

El uso forrajero puede ser por consumo directo del follaje (hojas y ramas) y de los frutos, o aportado como suplemento. El aporte forrajero es importante por la calidad que posee (alto porcentaje de proteínas, especialmente en las hojas, con 15% a 25% de proteína bruta) y por la energía que aporta (alto porcentaje de hidratos de carbono, especialmente en frutos: 50% a 70% de hidratos de carbono). Los frutos son preferidos sobre el follaje.

a) Consumo follaje:

El consumo directo por parte de los animales, de las hojas y ramitas tiernas, se produce en especial a la salida del invierno, cuando la calidad del forraje herbáceo es baja y su cantidad escasa. Generalmente los Prosopis rebrotan antes que las gramíneas; su importancia disminuye si la condición del pastizal es buena o si existen otras plantas forrajeras. El consumo directo de los caprinos es mayor que el de los bovinos, aunque varía según las razas ganaderas y del manejo utilizado. El follaje tiene menos utilidad que el fruto, y sólo es aprovechado cuando está muy tierno. El follaje de los algarrobos blancos es ramoneado por el ganado, a diferencia del de los algarrobos negros que es poco palatable por la presencia de taninos.

b) Consumo de frutos:

La disponibilidad de frutos (noviembre - enero,) depende de la región: desde el mes de noviembre hasta enero - en la mayor parte de su zona natural de crecimiento - y de marzo hasta abril, en áreas más frías y altas.

Al haber chauchas, no se consume el resto del forraje, dejando a éste como reserva por el otoño-invierno. Esto se realiza en áreas donde se recolecta el fruto para alimentar a los animales en épocas críticas.

Ganado pastoreando bajo viñalares.

El algarrobo es fundamental para la fauna silvestre proveyendo refugio y alimentación, muchos animales silvestres consumen las vainas, sobre todo las diferentes especies de chanco, el tapir, el tagua y el venado. Los loros lo consumen al estado verde, en la planta anidan casi exclusivamente las cotorras.

Utilización de la madera

La madera es de excelente calidad, clasificada dentro de las llamadas duras-finas. Con ella se fabrican muebles de primer nivel, y en construcciones rurales: postes para alambrado o tinglados y hasta se hacen adoquines para caminos y accesos. Como combustible es excelente dada su durabilidad en el fuego y se produce carbón.

Colorante y tintura

El algarrobo contiene tanino y se usa localmente para curtir cuero, siendo las partes empleadas la corteza, el aserrín o los frutos. El producto oscuro que se obtiene por incisiones en la corteza se disuelve en agua y tiñe las fibras de carandilla o la lana de oveja. La tintura es muy utilizada en artesanía indígena. Los colores obtenidos dependen de la especie, de la cantidad usada y de las combinaciones. Pero varían entre el negro, el gris, el marrón-rojizo, y un color amarillento.

Uso medicinal

A partir de ella se prepara un medicamento utilizado para desinflamar los ojos. A los diversos componentes de su fruto se le atribuye propiedades nutritivas y medicinales, por la variedad de aminoácidos, vitaminas (principalmente C y E) y minerales (potasio) que contiene. En la medicina popular la infusión de las vainas fue tradicionalmente utilizada para lavar infecciones. La flor tendría propiedades diuréticas, y la corteza (al 2%) actúa como anti diarreico.

Planta Melífera

La flores del algarrobo son muy visitadas por las abejas. El néctar obtenido de sus flores produce una miel de color clara y de excelente sabor. Las mieles del monte del Chaco son productos de alto poder alimenticio y medicinal y tienen un gusto y color diferente respecto a la región oriental por esto son muy apreciadas y codiciadas.

Flores de algarrobo muy visitadas por las abejas.

Pero a pesar de todos estos beneficios ambientales y la importancia que tienen los algarrobales para la población del Chaco, los bosques de algarrobo están en peligro debido el continuo avance irracional de la frontera agropecuaria y el creciente uso intensivo de la madera de algarrobo en la industria del mueble.

Descripción propiedades nutritivas

En líneas generales respecto a los grandes grupos de alimentos, la algarroba es rica en alimentos **CONSTRUCTORES**, así mismo en alimentos del tipo **REGULADORES** y del tipo de los **ENERGÉTICOS**.
El aporte más importante de la harina de algarroba, son los carbohidratos, expresados en su alto contenido en sacarosa, fructosa y glucosa, azúcares que le dan un sabor dulzón a la harina.
El aporte en proteínas es muy significativo, que al ser utilizadas en modo de mescla con otros productos como la harina de trigo, maíz u otros cereales, aumenta aún más.
El contenido en proteínas es de 8,5% lo cual es muy bueno en comparación con otras harinas o alimentos.
Las fibras son muy importantes, y abundan en la harina de algarroba. Estas en la alimentación humana, son muy saludables, para el funcionamiento del sistema digestivo, produciendo una lenta transformación de azúcares.
En los animales - espacialmente rumiantes - las fibras son trasformadas fácilmente por las bacterias del rumen, con alto contenido en proteínas.

Las cantidades de sales minerales contenidas, son muy altas en particular el calcio y el hierro, elementos muy importantes en la dieta humana, necesarios especialmente para el buen crecimiento de niños, y el sostenimiento de adultos, evitando descalcificación y anemia. Las vitaminas que se mencionan como de alto contenido en ella, son entre otras la vitamina C y la E, útiles para el mejoramiento del sistema inmunológico, defensas del cuerpo y juntos tienen un alto efecto antioxidante, facilita la eliminación de toxinas del cuerpo a nivel celular. Podemos considerar entonces las harinas de estas leguminosas como alimentos casi completos.

Composición nutricional de la harina de algarroba:

Valor energètico:	313	Kcal/100grs
Proteínas:	8,5	g%
Azucares totales	23,7	g%
Azucares reductores:	3,7	g%
Fibra Bruta:	11,5	g%
Fósforo:	144,1	mg%
Calcio:	150,8	mg%
Hierro:	4,47	mg%
Magnesio:	16,0	mg%
Potasio:	969,7	mg%
Carbohidratos:	86,8	mg%

Plantas de algarrobo con frutas·

3. Proceso de cosecha, elaboración de la harina y conservación

Cosecha

La algarroba se encuentra disponible entre noviembre y diciembre y junto al chañar son los primeros frutos que ofrece el monte chaqueño.

Que la cosecha sea buena depende de varios factores, como las heladas tardías que afectan a las flores produciéndose pocos frutos, o que éstos sean dañados por la lluvias tempranas ya sea cuando están madurando en el árbol o cuando ya maduros en el suelo, llueve. Se suele recolectar de 4 a 5 bolsas por día dependiendo de la distancia a recorrer.

Por lo general la cosecha la hacen las mujeres acompañadas de los niños y niñas, se juntan en pequeños grupos para colectar las vainas, ya sea cerca de la casa o hacia el monte. El transporte es realizado atando la bolsa a la cabeza, por lo que generalmente no se junta más de lo que se puede cargar, de acuerdo a los viajes y a la distancia.

En la época de recolección los factores climáticos también hacen dura la tarea, ya que las altas temperaturas (34/45 °C), la humedad y los mosquitos no crean las condiciones ideales para la actividad. Las herramientas utilizadas para estas labores se limitan solamente a baldes y/o bolsas de arpillera, debido a que se juntan sólo los frutos que se hallan en la plenitud de su madurez, los cuales se encuentran depositados en el suelo.

Las chauchas que permanecen aún en los árboles son dejadas para ser recogidas en ocasiones posteriores, esperando que el accionar del viento las precipite directamente hacia el suelo en su madurez. Sin embargo, bajo ningún aspecto la algarrobeada excede los 45 días de duración, pues pasado este lapso los frutos se deterioran y ya no son aptos para el consumo humano.

"Cuando comienza la cosecha de las frutas del algarrobo, todo el mundo se van a recolectar antes que llueva, trabajando todo el día hasta llenar las bolsas, cuando cae la primera lluvia se descomponen las frutas que han caído primero, esto para la primera cosecha, mientras que las frutas que permanecen en los árboles no se descomponen, esperando la segunda cosecha, cuando calienta más el sol. Caen nuevamente las frutas al suelo, así comienza la segunda y ultima cosecha porque al caer al suelo todas las frutas del algarrobo, comienza ya la lluvia, así termina la cosecha, porque con la lluvia se descomponen todas las frutas hasta la semilla."

Con mucho las vainas de algarrobo blanco son las más preferidas, pues es más fácil de cosechar, por su disponibilidad, y permite obtener más harina de cada vaina o fruta.

Los cosecheros deben realizar durante la recolección una primera selección de las vainas bien sanas, para su posterior acopio. La presente actividad del proyecto pretende contribuir a valorizar el algarrobo desde la perspectiva del desarrollo sustentable, permitiendo a los indígenas conservar su bosque, aumentando la disponibilidad y el consumo de algarrobo sobre todo durante el periodo crítico de las sequías invernales.

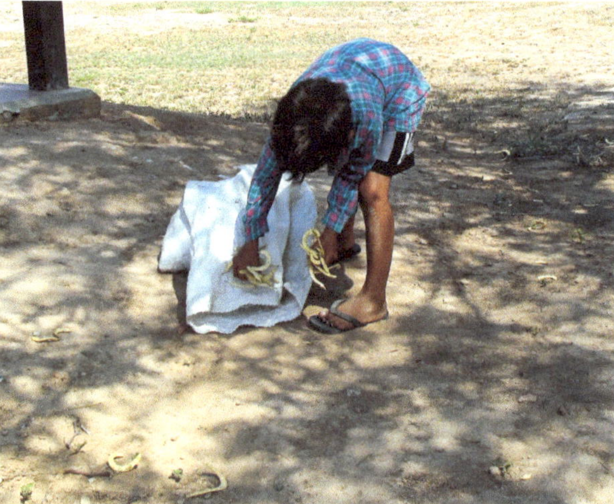

Cosecha de las vainas de algarrobo.

Las etapas de este proceso implican la previa organización de las mujeres, la recolección, la trasformación y elaboración de la harina, la apropiación y conocimiento de recetas variadas para su consumo en la dieta alimentaria y la comercialización del excedente a nivel regional y nacional. Por lo que es la cosecha el objetivo principal, es recolectar la mayor cantidad de chauchas y guardarlas por más tiempo mejorando el almacenamiento para que no se humedezcan y se descompongan. El primer obstáculo a sobrepasar en este proceso es la poca cantidad recolectada, limitada a nivel familiar; la primera tarea es entonces la de recuperar la práctica comunitaria de la recolección de la algarroba como una actividad organizada en forma colectiva.

Secado

Después de la cosecha, el paso siguiente es el secado, de lo contrario no se puede moler correctamente las chauchas. La tradición aún perdura, de secar las chauchas al sol desparramando las mismas en capa delgada sobre una superficie horizontal en pleno sol, o sobre una tela de media sombra, dando buenos resultados. Al anochecer las chauchas son guardadas en el interior de la vivienda para evitar que se humedezcan o sean objeto de consumo por parte de depredadores. Cuando la chaucha está bien seca se reconocen enseguida, porque al sacudir la semilla hace ruido, así, está a punto para hacer la harina.

Almacenamiento

El siguiente proceso consiste en el acopio de las vainas de algarroba secas. Si se toman los recaudos necesarios para que no las afecten las plagas y la humedad, éstas pueden conservarse hasta 12 meses. En el Chaco argentino se tiene distintas modalidades y se utilizan diferentes técnicas para el almacenamiento.

La técnica más difusa consiste en guardar las vainas en trojas, que es un secadero para conservar frutos y/o granos, la estructura mide 3 m de largo, 2 m de ancho y 2 m de alto, aproximadamente, a 0,5 m del suelo para evitar el acceso de animales.

Ejemplos de trojas en el Chaco Argentino.

Edificadas con madera de algarrobo y vinal a las que se les colocan varas de suncho (Baccharis salicifolia) en los laterales y el techo para cerrarlas, recubriendo este último con tierra. Los granos y frutos se mesclan con ceniza para evitar que se humedezcan y finalmente se agregan hojas de una planta "paiko" que actúa como repelente de insecticida.

Una manera alternativa de almacenamiento consiste en el guardado de los frutos en recipientes plásticos bien sellados, o en su defecto, dentro de pozos cavados en la tierra, a los que cubren con plástico. Estos pozos tienen que ser hechos junto a la casa, en lugares donde no llegue el agua en época de lluvia. Otros acopian la algarroba en las mismas bolsas de arpillera en las que la han juntada, colgándolas en el techo de sus viviendas. En ella, conviene prevenir el ataque de un coleóptero el "brujido" (Bruchidae) que come las semillas. Los lugareños entremezclan con las chauchas, algunas plantas repelentes como el atamisqui, el paiko, el ancoche que alejan los insectos de las vainas.

Molienda

La molienda tradicional se hace con el mortero casero y un pisón muy pesado, los morteros son confeccionados en madera de algarrobo, palo santo o quebracho colorado. Mientras se van moliendo las chauchas, también se van tamizando, con el objetivo de separar la harina de la semilla y del afrechillo (desecho compuesto por cáscaras y fibras).

"Una vez que esté bien seco, vamos sacando por partes para machacar, se machaca en el angu'a (mortero) se machaca todo el fruto, el resto se sigue machacando hasta aprovechar el máximo. Ningún resto se tira, lo que sobra y con la semilla que queda hacemos un rico jugo." "El angu'a (mortero) es de palo santo, lo construimos nosotras mismas, a veces de madera de palo santo o de madera del propio algarrobo, se consigue troncos medianos y con ayuda del hacha lo moldeamos, para hacer el agujero en el centro se quema adentro y se va formando el hoyo".

Molienda con mortero de Palo Santo.

La molienda es un trabajo penoso al cual, actualmente, las jóvenes se niegan a hacer.

En varias comunidades indígenas del Chaco argentino para la molienda se utiliza un molino a martillo que además de ser rápido, tiene la ventaja de moler las semillas de las chauchas y esto aumenta el valor alimenticio de la harina.

Pasos para la fabricación de mortero de madera

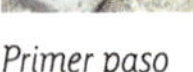

Primer paso　　　*Segundo paso*　　　*Tercer Paso*　　　*Cuarto Paso*

Proceso de la molienda

Vainas enteras y vainas molidas

Molienda algarroba

Vainas molidas

Tamizado harina

Tamizado

El cernido del producto de la molienda se puede hacer con el cernidor casero. Con el cernido se separa la harina del afrecho. Se puede conseguir distintos tipos de harina pero la más alimenticia es de cernido grueso porque las semillas de las chauchas en la molienda no se desmenuzan bien; en el cernido fino, las partículas de semillas pasan al afrecho. La harina sirve para la alimentación humana y el afrecho para la alimentación animal. Así, no se desperdicia nada de este producto.

Los útiles usados para el tamizado varían entre una zaranda rectangular, la cual posee una estructura de madera a la que se le adosa una rejilla de tela metálica, una tela de arpillera y un colador de metal cilíndrico. Una vez molido y cernido el kilo de algarroba ya es apto para el consumo, en una cantidad que ronda el 50% del peso original, siempre y cuando sea de buena calidad.

Conservación

La harina así como el afrecho se conservan muy bien y duran varios años si se toma la precaución de envasar en recipientes herméticos. Sin embargo, la harina de algarrobo blanca pierde rápidamente su sabor, no así la de la negra.

"Toda la harina se guarda en bolsa de plástico o mejor en botella de plástico las de la gaseosa o en algún recipiente que debe guardarse o colgar en un lugar alto y seco, para que no se humedezca, la harina del algarrobo puede durar mucho tiempo si no se moja".

La conservación y la disponibilidad de harina durante el periodo invernal de sequía es el otro cuello de botella en el proceso de valoración y uso del algarrobo. Generalmente la harina de algarrobo está disponible hasta el mes de marzo por el alto consumo que se tiene y debido al limitado volumen de cosecha.

"Ahora es difícil que tengamos por mucho tiempo guardado, porque si los niños y niñas encuentran, comen todo, les gusta mucho".

Incide también la conservación muy artesanal que es sujeta al ataque de las plagas. Siempre en el Chaco Argentino, tradicionalmente la harina de algarrobo se almacenaba en un tambor de 200 litros donde se acomodaba un primer piso de chaucha secada al sol. Encima de ella se ponían ramas de "atamisqui", un arbusto de la región cuya principal característica es ahuyentar los insectos. Y así seguían hasta arriba. Cuando llegaban a la cima, la abertura era cerrada herméticamente con barro. Actualmente la mejor manera de almacenar la harina de algarrobo es depositarla en tambores plásticos de 200 litros con cierre hermético. El tiempo que puede ser almacenado el producto bajo esta tecnología es de 1 a 1,5 años, de esta manera hay la posibilidad de lograr un consumo diferido en el tiempo.

Manejo Post-Cosecha

Las plagas comunes que afectan las vainas y la harina son las polillas (Lepidópteros) y gorgojos (Coleópteros). El tratamiento más simple consiste en un secado periódico, considerando que la humedad es un elemento propiciador de la aparición de plagas. El secado tiene que ser complementado con un tratamiento. Se tienen experiencias con uso de paico o chincilla; el tratamiento químico puede ser con fumigante bajo un manejo que debe ser objeto de práctica, pues es muy peligroso para la salud, de no ser aplicados correctamente.

4. Del antiguo al nuevo: de la harina al café de algarrobo

Hasta el presente en el Chaco paraguayo la harina es generalmente consumida solo en fresco, la elaboración en otros productos es muy limitada. En el Chaco argentino mujeres indígenas y campesinas han desarrollado microempresa que proponen la elaboración de de productos a partir de vainas de algarroba, ajustados a normas de producción.
Se han desarrollado recetarios en donde aparte de recuperar las preparaciones tradicionales se ha puesto el énfasis sobre la adaptación de nuevas recetas elaborando pan, galletas, budines, dulces, caramelos, café, flan, etc...

Con estas nuevas presentaciones la harina de algarrobo se ha vuelto más apetecible superando la idea de una comida que está atada al tiempo pasado. En el presente proyecto se pretende replicar las exitosas experiencias del lado del Chaco argentino a través de capacitaciones y fomentando una organización comunitaria que abarque todo el proceso desde la recolección, el secado y molido para obtener harina, hasta llegar posteriormente a la elaboración de alimentos.
Al final se habrá fortalecido y revalorizado el papel de este fruto en la dieta cotidiana y a su vez desarrollado, modelos productivos que generan conocimientos tanto a nivel técnico productivo con oportunidades de mercado, como también socio-económico, contribuyendo así al manejo sustentable de los bosques secos del Chaco Central. El listado de los alimentos preparados que presentamos más abajo son de uso común en el Chaco argentino, pero se pueden fácilmente introducir en la dieta alimentaria de las poblaciones del Chaco paraguayo.

Es como un pan bien seco que se prepara de maneras muy diversas. Hoy se consume como un dulce, y se puede preparar de la siguiente manera: las vainas de algarroba son secadas al sol durante unos días, cuando están lo suficientemente secas son molidas hasta que queda como una harina.
Después se tamiza sobre una batea de madera y se amasa la harina con agua.
Se dispone la harina en moldes, sin ningún tipo de levadura o líquidos agregados, los cuales son colmados y apisonados. Estos moldes pueden ser platos enlozados, tazas o tarros de leche cortados a una altura de 5 cm. La cocción dura entre 2 y 3 minutos, se coloca los moldes en un horno de barro o al rescoldo, hasta que la superficie de la harina esté bien dorada. Posteriormente, los panes se desmoldan y ya se encuentran listos para el consumo.
Algunos secan el patay al sereno de la noche, otros dentro del horno para el pan, otros rellenan los moldes con la harina en seco, les ponen arena alrededor y los tapan con brasas, otros colocan los moldes con harina al sol por varias horas durante 2 días.
El patay es almacenado en lugares resguardados de la humedad, pudiendo durar hasta un año en buenas condiciones. Este alimento permite su consumo diferido y el transporte del mismo.
A la harina de algarroba se puede agregar harina de mistol o chañar, con esto hay la posibilidad de preparar patay de distintos sabores.

Receta
- Se mezcla la harina del algarrobo blanco con agua.
- Hacer una masa.
- Amasar y colocar en moldes de lata.
- Colocar en un horno a fuego lento.
- Se come como pan.

Es una bebida autóctona fermentada de color lechoso y gusto dulce, muy antigua que se acostumbra beberla bien helada. Para su preparación se machacan en un mortero los frutos del algarrobo, en especial blanco, y se pone la pasta a fermentar con agua en una tinaja o en una batea de palo borracho.

A los dos días se van sacando con las dos manos los restos de chauchas que quedan y se agrega mayor cantidad de algarroba machacada, para que siga la fermentación. De vez en cuando se prueba para saber cuándo estará a punto la bebida. Una vez lista, se toma, porque no se conserva por mucho tiempo.

Receta
- Moler el fruto del algarrobo blanco en mortero de madera.
- Agregarle agua y mezclar.
- Colocar la mezcla en un recipiente tapado y guardarla en lugar fresco, seco y oscuro.
- Dejarla unos días para que fermente.
- Luego de unos días, sacar la mezcla y colarla con un paño.
- Colocar el líquido en un recipiente y beberlo como bebida alcohólica.

Bolanchao

Es un plato típico del Chaco Argentino.

Receta
- Se prepara moliendo en un mortero o en un molinillo las frutas dulce del mistol, la molienda no debe ser tanta que las reduzca a pasta sino en grado que se forme una masa granulosa, tal pasta no requiere añadido de agua ya que la propia humedad de las frutas aporta la consistencia.
- Luego de hecha la masa se la fracciona en forma de bolillas (probablemente de esto venga el nombre del postre).
- Luego las bolillas son espolvoreadas con harina tostada, preferentemente de algarroba blanca.
- Se ponen al calor de un horno hasta que queden doradas.

Añapa

Bebida refrescante que se hace con la vaina madura del algarrobo, bien tierna, o con el chañar y el mistol. Es más suave que la aloja. Es una bebida que se prepara moliendo suavemente la algarroba en un mortero, sin ejercer demasiada presión para solo despegar la pulpa de las semillas. Después de la molida se mezcla con agua y se revuelve hasta que suelta todo el jugo pero sin dejar que estas fermenten. Luego se cuela y se deja reposar. Se puede echar agua hasta tres veces, porque después el jugo empieza a ponerse amargo. Se obtiene una bebida dulce, sin necesidad de agregar azúcar. Es refrescante y se les da a los niños con frecuencia. Por la preparación de la añapa es mejor ocupar la algarroba blanca que la negra.

Receta
- Moler el fruto del algarrobo blanco en morteros (la algarroba debe estar madura).
- Agregarle agua helada y mezclar.
- Colar la mezcla con un paño.
- Beber el jugo como refrescante.

También llamado "algarrobina" o "miel de algarrobo", es un líquido dulce oscuro y espeso que se obtiene al cocinar en agua las vainas de algarrobo, permitiendo la concentración de azúcares.

Para su preparación se pone a hervir las vainas de algarroba para ablandarlas. Cuando están listas se sacan y se muelen en el mortero. Después se cuela la pasta jugosa que se forma.

Se recoge el jugo en una olla y se pone a hervir hasta que quede color marrón y se espese un poco. Queda casi como una miel, se guarda en botella de gaseosa, así, se conserva bien.

Receta
- Remojar las vainas de algarrobo con agua.
- Ponerlas en cocción a fuego lento en hornillos. Dejarlas hasta que la chaucha esté cocinada.
- Sacarlas del fuego y colar con paños. Sacar el jugo del algarrobo.
- Poner el jugo nuevamente al fuego y dejarlo hasta que se ponga espeso y tome el color marrón.
- Sacarlo del fuego, dejarlo enfriar y comerlo como mermelada.

En el Chaco argentino se usan los frutos del algarrobo negro y otros, como sucedáneos del café.

La bebida es fuente proteica, energética y vitamínica en la alimentación humana, es medicinal y de sabor agradable, no contiene cafeína ni produce dependencia al consumirse. Por su alto contenido de proteínas y minerales, pueden consumirlo niños y ancianos, contra la anemia y la desnutrición.

El proceso para la elaboración del café no requiere de mucho esfuerzo, pudiendo ser realizado en forma doméstica mediante una técnica sencilla que se puede imitar.

Etapas de la elaboración del café de Algarroba:
a) *Cosecha* y recolección de las vainas de algarroba.
b) *Selección*: se seleccionan las vainas o frutos en buen estado y libres de impurezas, eliminando las malogradas y/o dañadas por insectos.
c) *Lavado*: se realiza con el fin de sacar las impurezas adheridas a las vainas removiéndolas en un recipiente con agua.
d) *Secado*: se efectúa inmediatamente después del lavado, exponiendo las vainas a la acción directa del sol para eliminar la humedad de la superficie. El periodo de secado es de unos 20 a 25 días, lo que redundara en un café de mejor calidad.
e) *Tostado*: para la preparación casera se emplean una sartén grande, una paila y una olla grande; para producción a escala con fines comerciales se utiliza un horno eléctrico (industrial y semi-industrial), por un lapso de unos 40 o 50 minutos, tratando que las vainas tomen una coloración dorada oscura o amarillo oscuro pero sin llegar al quemado.
f) *Enfriado*: las vainas tostadas se enfrían en 20 o 25 minutos, distribuyéndolas en superficie adecuada.
g) *Molido*: se realiza en un molino mecánico o eléctrico, tratando que tenga una finura o textura similar al café tradicional, dándole un aspecto óptimo para su consumo.
h) *Tamizado*: se hace manualmente para eliminar la cubierta de la semilla y otros residuos no molidos, utilizando los coladores o tamices de diámetro adecuado.
i) *Envasado, pesado, y sellado del café*: el café debe envasarse en bolsas de papel o plástico, dependiendo el tamaño de las necesidades y formas de comercialización.
j) *Preparación del café*: el filtrado se realiza en una cafetera común, colocando una porción de café de algarroba y agregándole agua hirviendo. Se espera el tiempo necesario para el filtrado y de esta forma queda listo el café para su consumo.

Para preparar el licor se necesitan: un litro de vino blanco, 200 g de algarroba y 100 g de azúcar. Se deja macerar el preparado en botella tapada (aproximadamente un mes) removiéndolo todos los días.

Para hacer caramelos se mezcla en la siguiente proporción:

Receta
- Medio vaso (50 gramos) de harina de algarroba,
- Medio vaso de miel
- Una cucharada de grasa o margarina y unas gotas de limón (o ralladura de limón o naranja).
- Luego se pone a cocinar la mezcla y se revuelve todo el tiempo hasta que toma el color del azúcar quemada.
- Se coloca el preparado en una lata o chapa aceitada y se deja enfriar.
- Si el caramelo es blando se recorta en rectangulitos con un cuchillo. Si es duro se rompe en pedazos.

Receta
- 1 taza de harina de trigo, o sea, 250 gramos.
- 1 taza de harina de algarroba, o sea, 250 gramos.
- 1 taza de almidón de maíz o de mandioca, o sea, 250 gramos.
- 1 cucharada al ras de levadura de cerveza, o sea, 30 gramos.
- 2 cucharadas de grasa, o sea, unos 50 gramos.
- Sal a gusto.
- Agua, lo necesario.

Mezclar con cuidado y muy bien las tres clases de harina, se moldea la maza y se pone en el horno Queda un pan medio dulzón, rico para acompañar el mate.
Para los jóvenes, que todavía no están acostumbrados al gusto de la algarroba se puede cambiarle el sabor agregando ralladura de limón o de naranja.

Receta
- Medio vaso o 50 gramos de harina de algarroba bien cernida y sin afrecho.
- Medio vaso de miel
- 1 cucharada de margarina o grasa.
- Unas gotas de limón... depende del gusto. También se pude usar ralladura de limón o de naranja.
- Se mezcla todo
- Se pone a calentar despacito, se deja en el fuego un ratito hasta que levanta hervor.
- Se revuelve el todo continuamente para que no se pegue.

La mezcla se ocupa para rellenar tortas, budín de pan o bien para bañar pasteles, tortas fritas o quesillos...

Se mezcla harina de trigo tostado y chauchas de algarroba molida, y se cocina en agua.
Luego se le agrega grasa de oveja y sal. Es una comida pobre, que se hace más sabrosa los días de fiesta, agregándole charqui de carne de oveja o de cabra y ají molido.

Alimento popular del Chaco argentino.
Se remoja en agua un poco de algarroba molida; se cuela y se hace hervir. Después se vuelve a colar, se hecha en otra olla donde se cocina frangollo de maíz. Resulta una especie de sopa dulce.

Receta

Se tuestan las vainas en una olla, luego se pone en un mortero y se pisa.
Se puede ponerla un rato en una pava o en una cafetera para que hierva de esta manera larga el color igual que el chocolate.
Se agrega leche, azúcar o miel y resulta una comida muy rica muy apreciada por los niños.

Ingredientes

- 3 huevos
- Medio litro de leche.
- 100 gr azúcar.
- 150 gr de harina de algarrobo.

Preparación

- Batir bien los huevos, agregar leche y la harina de algarrobo, mezclar bien. Quemar el azúcar en un recipiente, cubrir la budinera, echar la mezcla y cocinar a baño María hasta punto de flan.
- Desmoldar

Ingredientes

- Harina común con levadura
- Harina de algarrobo
- Aceite
- Azúcar
- Agua

Preparación

Se mezclan 3 tazas de harina con 1/2 taza de harina de algarrobo y 1 de azúcar, luego se agrega 1/2 taza de aceite y el agua necesaria para unir y formar bollitos pequeños que se acomodan en una fuente para cocinar en el horno (se puede remplazar el agua por leche e incorporar algún huevos).

Elaboración artesanal de galletitas y panificados
Con la harina de las chauchas del viñal se pueden elaborar productos de confitería y panificado. Se recolectan las vainas y se pasan al horno de barro con temperatura alta (les dan un golpe fuerte de calor) unos 10 minutos, así se les quita la humedad y se hacen más fácil para picar con la mano o también lo hacen pisoteando las algarrobas.
Luego de esta picada, van al molino y se hace la primera molienda que dura unos 5 minutos.
Después pasa a ser tamizado en una zaranda. Si se quiere puede hacerse otra molienda con lo cual se obtiene una harina más fina.
Para la obtención de las galletitas se procede de la siguiente manera: se mezcla la harina de viñal con harina de trigo, leudante, elemento graso, leche, jugos de fruta o agua, azúcar, huevos y esencias.
Con estos productos se obtiene una masa tierna con la cual se elaboran galletitas con diferentes formatos, las cuales son cocinadas en horno a leña.

5. El viñal

El Viñal junto con el algarrobo es la otra planta del genero Propsopis que tiene una grande importancia en el ecosistema del territorio chaqueño.

El Viñal Prosopis ruscifolia (Griesb.)

Enlhet: *Taayet*
Enxet: *Teyt*
Nivaclé: *Yitiyuc*
Ayoreo: *Dasura*

Descripción botánica

El Viñal es una especia autóctona de amplia difusión en la región del Chaco semiárido.
Es un árbol de rápido crecimiento de hasta 12 metros de altura y se bifurca desde arriba en ramas delgadas cubiertas de enormes espinas de hasta 10 a 30 cm de largo y hasta 1cm de diámetro que provocan daños al ganado.
Florece en los meses de septiembre a noviembre y fructifica de noviembre a enero.
La flor es amarilla y el fruto es largo, delgado, levemente curvo con manchas violáceas.
Es una especie invasora, en el Chaco argentino ha sido declarado plaga nacional.
Su principal fuente de expansión es el ganado, el desmonte y la presencia de áreas agrícolas abandonadas facilitan su instalación. Es un árbol de rápido crecimiento.
Crece en lugares ecológicamente más desfavorables ya sea porque las precipitaciones descienden a un mínimo o que los suelos tienen una gran concentración de sales.
Como por el algarrobo así podemos definir el Viñal una especie de uso múltiple.

Usos alimenticios

Los frutos son comestibles, el uso tradicional consiste en hervir los frutos y seguidamente machacarlos en un mortero; se toma el jugo que tiene un sabor muy dulce. Igual que el algarrobo, con las vainas se elabora la harina.

"Las frutas de viñal se cocinan antes de comerlas porque es muy peligroso comer la fruta cruda, nos puede doler el estómago. Solamente después de hervir se puede poner en un mortero para moler y luego se pone en un plato. El líquido que sale de la fruta de viñal cocinado, se usa también para tomar como jugo, mezclando con la fruta que hemos comido".

Las vainas de vinal son ricas en proteínas (110 al 150 gr./kg.), carbohidratos (780 a 800 gr./ kg.), calcio en semillas (1,53 mg/gr) y potasio en harina de pulpa (9, 05 mg/gr) valores semejantes a la del algarrobo negro.

Espinas del viñal.

Uso medicinal

Las hojas de viñal tienen propiedades antisépticas y desinflamante, se usan en caso de conjuntivitis, infecciones e irritaciones oculares. Se hierven las hojas, se deja enfriar luego se pone una gotita de esta agua en los ojos afectados o hinchados. El viñal contiene una sustancia que se llama viñalina que contiene propiedades antibióticas para el control de la glicerina y diabetes.

Forraje para ganado

La vaina del vinal es un importante forraje ya que contiene 30% de glucosa, 5,7% de proteína y 18% de almidón y otros hidratos de carbono y es óptima para el consumo del ganado.

Artesanía

Sus espinas, de hasta 30 cm. de largo eran las agujas usadas para los aborígenes para coser todo tipo de tejidos; la resina es una excelente tintura de color negro para las fibras de caraguata y la lana.

Uso de la madera

La madera en líneas generales es muy parecida a la del algarrobo comercial aunque de color más claro. La madera de viñal es un excelente combustible, es usada localmente como leña y carbón que es muy apreciado por los habitantes del Chaco.

Industrialmente de su madera se obtiene cartón de calidad, fibra para papel y aglomerado y pisos de parquet de gran resistencia al tránsito por su dureza.

El viñal también es fundamental para la fauna silvestre, ofreciendo refugio y alimentación.

Manejo sustentable de los viñalares

La propagación del viñal es causa de la acción del hombre sobre los ecosistemas naturales del territorio chaqueño.

Interviniendo a través de diversos fines productivos, desde la extracción de los recursos naturales a los desmontes para la agricultura y ganadería, ha deteriorado el sistema natural facilitando de este modo la propagación de especies invasoras.

Muchas superficies del Gran Chaco son actualmente considerada económicamente improductivas pues están ocupada por viñalares, esto afecta también a los pequeños productores en sus campos, ya existe una superficie de tamaño variable que ha sido invadida por esta leñosa disminuyendo aún más los escasos recursos disponibles.

Existen experiencias en el Chaco argentino llevadas a cabo por instituciones y ongs[3] que muestran como esta planta invasora, considerada sinónimo de improductividad, puede ser una valiosa oportunidad para implementar proyectos productivos y de manejo forestal que mejoren la calidad de vida de los pequeños productores.

La experiencia consiste en no eliminar el viñal sino promover su crecimiento de forma tal que los viñalares se transformen en bosques con mayor diversidad de especies más altos, sanos y abiertos, restaurando así el paisaje originario de la región y adaptándolo a las necesidades productivas de los pequeños productores chaqueños.

Para ello, en primer lugar, se comienza realizando una poda que elimina las ramas de las bases para concentrar el crecimiento en un solo tronco, permitiendo así un mayor aprovechamiento maderero. Luego se continua con un raleo para sacar aquellos árboles enteros que están muy juntos, empleando el criterio de extraer los de peor característica.

La iniciativa permitió, en lo inmediato, que las familias vieran incrementados sus ingresos a partir de la venta de más de 150 toneladas de carbón, producto en el que se convirtió la madera extraída a partir de la poda y el raleo. Pero a mediano plazo se podrá comenzar a extraer madera para ser utilizada como parquet, producto asequible ya que la madera de viñal tiene buenas propiedades para usos como el parquet.

Pero esta experiencia quiso ir más lejos al ampliar aún más las posibilidades productivas. Fue posible poner en práctica la apicultura y el uso de los frutos del viñal, así como harina para producir panificados y alimento balanceado para el ganado.

De esta manera se está proveyendo a los pequeños productores de una base real para el uso integral del bosque y pasando de una inutilización productiva a una concepción diversificada y sustentable del manejo del monte.

---

[3] *GESER - Grupo de Estudios sobre Ecología Regional - Ibarreta - Fromosa (Argentina).*

6. Mitos y Leyendas

El algarrobo ha sido considerado por los nativos de América la más preciada ofrenda de los dioses. Objeto de veneración y devoción, es muy extensa la mitología asociado con "el árbol" por antonomasia. A su sombra se han cobijado tribus enteras para decir el futuro o para alejar la suerte adversa.

El Algarrobo y el wantip

En los mitos y leyenda de los pueblos chaqueños está muy presente el tema de las peleas entre plantas se transcribe la narración de la lucha entre el algarrobo y el *wantip* (Acacia praecox)[4].

Aquí vamos a escuchar el caso de esas plantas que existen, de esas que nosotros nombramos algarrobo, de cuando ellas se hablaban entre sí; ellas así hablaban, esas plantas que están en el mundo. Así andaban discutiéndose, porque ellas hablaban, esas plantas; entonces ahora decimos "planta" porque ya no hablan, pero antes hablaban entre sí.

Así quedaron sin entenderse mutuamente el *wantip* y el algarrobo, esto era lo que discutían y así quedaron ellos.

Solía decir el algarrobo al llamado *wantip*:

- Ud. no sirve – le decía. Allí ellos se discutían; entonces el *wantip* contestaba al algarrobo:

- Ud. es agrio, tiene algo desagradable.

De nuevo el algarrobo:

- Yo juntaré a mis hijos, les daré de comer.

No se entendían, no se comprendían. Entonces del *wantip* salió una insignificancia que nadie quería, nadie suele comer esos frutos. Pero el algarrobo es muy querido porque se consumen abundantemente sus frutos: son ricas las vainas.

El *wantip* para nada se usa (como comestible), es una planta nada provechosa. El algarrobo cuando maduran sus frutos, éstos se comen, se consume y también se tomará la chicha. Así es el algarrobo, porque él se tuvo confianza, porque era querido.

Y así quedó *wantip*, que recibió su castigo. Solía decirle el algarrobo:

- Quedarás con costillas que hacen inservible al fruto; nadie querrá comerlo.

Eso es cierto porque no se suele comer el *wantip*. Esto es lo que ocurrió porque no se entendían entre ellas estas plantas de este mundo. Cuando eran gentes, era al algarrobo el que se tenía confianza, porque siempre fue querido.

Pero el *wantip* se le quería adelantar para juntar a la gente. Entonces, allí le dijo el algarrobo:

- Ud. no sirve, la gente no lo quiere; a mí me quiere la gente - decía el algarrobo.

- Yo podré satisfacer a mis hijos.

Los frutos de *wantip* son los que maduran primero, pero nadie los consume. Era el que quería ganar al algarrobo, porque se le quería adelantar. Suele ser el primero en fructificar. El fruto de *wantip* no es carnoso, es seco, entonces no gusta a la gente. Eso fue lo que le dijo el algarrobo:

- No te querrá la gente.

Allí se enojó *wantip*, hasta el presente. Cuando nos agarra es malo también con nosotros. De allí salió enojado *wantip*; le salieron las uñas, pues no soportaba a la gente. Como el algarrobo era más estimado, el *wantip* quedó abandonado, por eso se enoja.

[4] Arenas, P. 1981. Etnobotánica lengua-maskoy. Fundación para la Educacón, la Ciencia y la Cultura (FECIC), Buenos Aires, 358 pp.

Así nació el vinal

Instalado el viñalar, el suelo no queda protegido por la erosión laminar[5] ya que la sombra que proyecta elimina el estrato inferior, quedando el suelo desnudo.
A raíz de esto fenómeno surgió la leyenda que transcribimos a continuación:

"Aconteció que nació un niño con instintos muy malos. Desde muy pequeño dio muestras de crueldad, y a su impiedad no escapaban los más inocentes moradores del bosque, sean pájaros o animales. Alarmada, la madre dio cuenta al cacique de lo que estaba ocurriendo. Este llamó a los chamanes que después de un largo consejo llegaron a la conclusión de que el pequeño estaba poseído del espíritu malo y que mantenía relaciones con él.
Era necesario, pues, curarlo. Se resolvió en acuerdo con el cacique, apresarlo para llevar a cabo la importante tarea de desalojar el espíritu malo del cuerpo.

Pero cuando los chamanes se acercaron al niño para cumplir su cometido, éste, retrocediendo sigilosamente, preparó su arco y sus flechas. De nada valieron las amenazas del cacique. El niño esperó que se acercaran y descargó sobre ellos las flechas mortales. Consumado el crimen comenzó a huir perseguido por toda la gente de la tribu. En varias oportunidades el pueblo enardecido estuvo a punto de darle alcance; pero legiones de cardones, sobre los que el criminal pasaba como un hálito, les cortaban el paso. Finalmente le perdieron de vista. Días después encontraron en la selva un árbol nuevo. Era el niño que había caído de cansancio, pero el espíritu malo le había concedido el último favor para protegerlo. Lo cubrió de espinas. Y así nació el viñal por obra del demonio. Tan malvado sigue siendo que a nadie permite vivir a su sombra; a excepción del cardón y el cardoncillo que ayudaron en su huida. A todas las demás plantas mata sin compasión."

---

[5] *Es una erosión superficial. Después de una lluvia es posible que se pierda una capa fina y uniforme de toda la superficie del suelo como si fuera una lámina. Es la forma más peligrosa de erosión hídrica ya que esta pérdida, al principio casi imperceptible sólo será visible cuando pasado un tiempo haya aumentado su intensidad.*

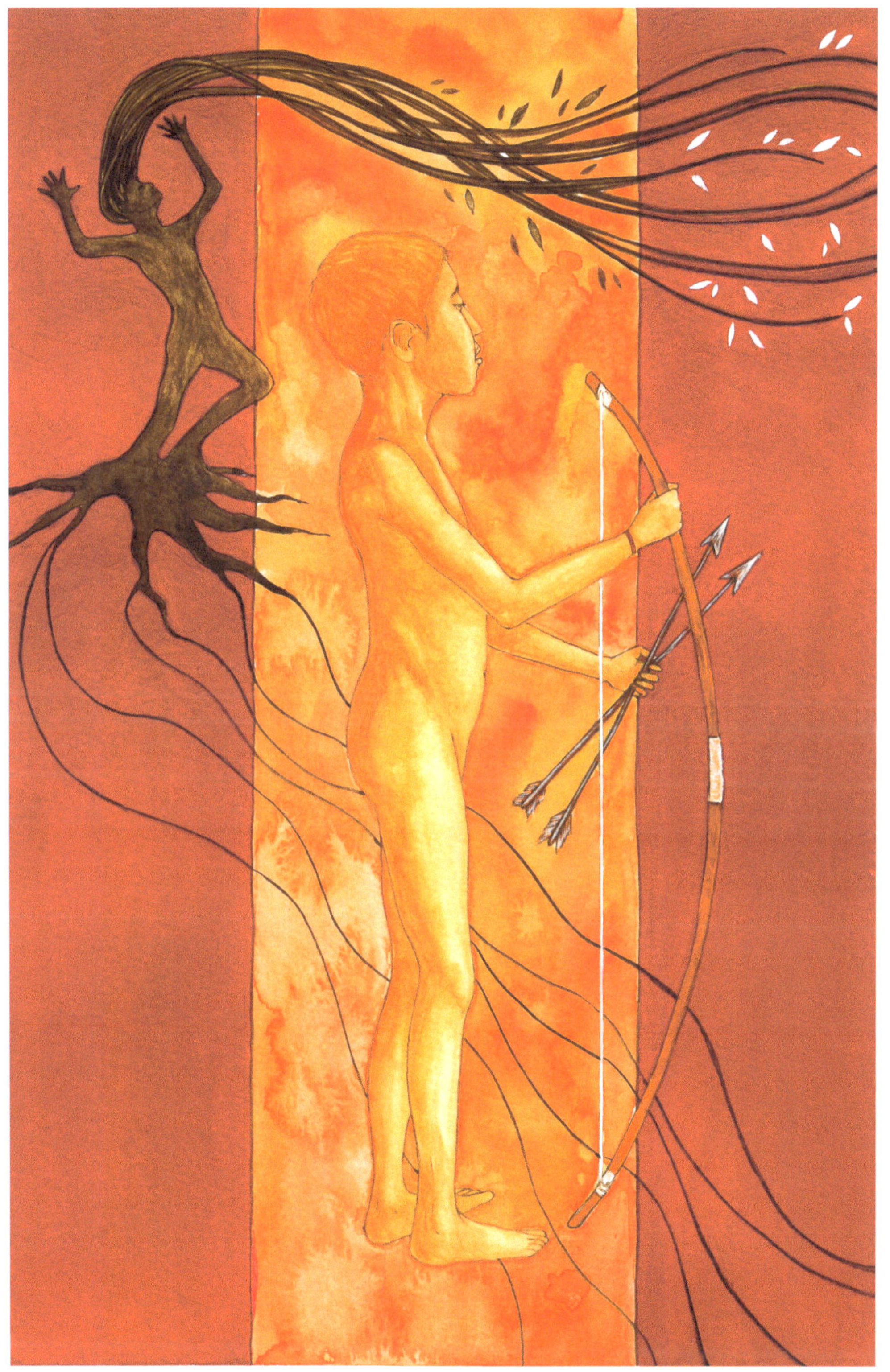